BEI GRIN MACHT SICH IHR WISSEN BEZAHLT

- Wir veröffentlichen Ihre Hausarbeit,
  Bachelor- und Masterarbeit

- Ihr eigenes eBook und Buch -
  weltweit in allen wichtigen Shops

- Verdienen Sie an jedem Verkauf

Jetzt bei www.GRIN.com hochladen und kostenlos publizieren

Karsten Zingsheim

Entwicklung und Trainierbarkeit von Sozialkompetenz: ein Kurzreferat

GRIN Verlag

Bibliografische Information der Deutschen Nationalbibliothek:

Die Deutsche Bibliothek verzeichnet diese Publikation in der Deutschen National-
bibliografie; detaillierte bibliografische Daten sind im Internet über http://dnb.d-
nb.de/ abrufbar.

Dieses Werk sowie alle darin enthaltenen einzelnen Beiträge und Abbildungen
sind urheberrechtlich geschützt. Jede Verwertung, die nicht ausdrücklich vom
Urheberrechtsschutz zugelassen ist, bedarf der vorherigen Zustimmung des Verla-
ges. Das gilt insbesondere für Vervielfältigungen, Bearbeitungen, Übersetzungen,
Mikroverfilmungen, Auswertungen durch Datenbanken und für die Einspeicherung
und Verarbeitung in elektronische Systeme. Alle Rechte, auch die des auszugsweisen
Nachdrucks, der fotomechanischen Wiedergabe (einschließlich Mikrokopie) sowie
der Auswertung durch Datenbanken oder ähnliche Einrichtungen, vorbehalten.

Impressum:

Copyright © 2007 GRIN Verlag GmbH
Druck und Bindung: Books on Demand GmbH, Norderstedt Germany
ISBN: 978-3-638-93239-4

Dieses Buch bei GRIN:

http://www.grin.com/de/e-book/71764/entwicklung-und-trainierbarkeit-von-sozial-
kompetenz-ein-kurzreferat

GRIN - Your knowledge has value

Der GRIN Verlag publiziert seit 1998 wissenschaftliche Arbeiten von Studenten, Hochschullehrern und anderen Akademikern als eBook und gedrucktes Buch. Die Verlagswebsite www.grin.com ist die ideale Plattform zur Veröffentlichung von Hausarbeiten, Abschlussarbeiten, wissenschaftlichen Aufsätzen, Dissertationen und Fachbüchern.

Besuchen Sie uns im Internet:

http://www.grin.com/

http://www.facebook.com/grincom

http://www.twitter.com/grin_com

Westfälische Wilhelms – Universität Münster

Institut für Erziehungswissenschaften

Referat mit Ausarbeitung:

Entwicklung und Trainierbarkeit von Sozialkompetenz

Karsten Zingsheim

1. Einleitung:

Im Laufe der Geschichte hat Deutschland sich von einer Industrienation zu einem Dienstleistungsstaat entwickelt. Damit haben sich auch die Anforderungen an die Menschen, die in Deutschland wohnen, verändert. Das Fachwissen oder reine logische Intelligenz tritt immer mehr in den Hintergrund, während andere Kompetenzen, wie z.b. die Sozialkompetenz in allen Bereichen der Arbeitswelt immer stärkere Bedeutung gewinnt.

Um dem Rechnung zu tragen fokussiert diese Hausarbeit ihr Augenmerk primär auf die Sozialkompetenz.

Im ersten Teil dieser Arbeit werde ich den Begriff der Sozialkompetenz definieren und darlegen wie er in diesem Text verstanden werden soll.

Im zweiten Teil werde ich darauf eingehen wie Sozialkompetenz entsteht und wie sie sich entwickeln kann, während das darauf folgende Kapitel Möglichkeiten aufzeigt, wie man Sozialkompetenz trainieren könnte. Abschließend werden die Ergebnisse der Studie SQ21 miteinander verglichen, welche eine hohe Diskrepanz zwischen den Universitäten und der Wirtschaft in Bezug auf vermittelten und erwünschten Sozialkompetenzen zum Ergebnis hatten.

2. Definition Soziale Kompetenz

Semantisch geprüft setzt sich der Begriff "soziale Kompetenz" aus den Begriffen "sozial" (auf das Gemeinschaftliche, das Zwischenmenschliche bezogen) und "Kompetenz" (Befugnis, Fähigkeit, Vermögen, Zuständigkeit; vom lateinischen „competere", das ein viel weiteres Begriffsfeld umfasst: ausreichen, begehren, kräftig sein, möglich sein, verlangen, zusammentreffen, zusammenfallen, zustehen, zutreffen) zusammen.

In der Wissenschaft ist man sich einig, dass es „die" soziale Kompetenz nicht gibt. Verschiedene wissenschaftliche Disziplinen setzen in der Sozialkompetenz unterschiedliche Schwerpunkte. So betonen Entwicklungspsychologen gerne den Aspekt
der Anpassung an eine sozialen Gemeinschaft, während die klinisch - psychologische Definition besonders den Gesichtspunkt der Durchsetzung gewichtet. (vgl. Kanning 2005)

„Der Begriff der sozialen Kompetenz mag auf den ersten Blick leicht in die Irre führen. Er suggeriert die Existenz einer singulären Kompetenz, die unser Sozialverhalten maßgeblich oder gar vollständig determiniert. Diese Sichtweise ist in zweierlei Hinsicht falsch. Zum einen haben wir es mit einem Sammelbegriff zu tun, unter dem sich ein ganzes Bündel einzelner Kompetenzen integrieren lässt."

(Schuler & Barthelme, 1995)

Abhängig unter welchem Kontext man ein Verhalten beobachtet, kann dieses Verhalten als sozial kompetent oder als inkompetent eingestuft werden.

Diese Einschätzung von Sozialkompetenz basiert auf der persönlichen moralischen Werteskala des Beobachtenden, und dies auch nur für einen bestimmten Zeitabschnitt.

Kanning erweitert die Definition von sozialer Kompetenz um den Aspekt des sozialkompetenten Verhaltens:

„Sozial kompetentes Verhalten = Verhalten einer Person, das in einer spezifischen Situation dazu beiträgt, die eigenen Ziele zu verwirklichen, wobei gleichzeitig die soziale Akzeptanz des Verhaltens gewahrt wird."

„Soziale Kompetenz = Gesamtheit des Wissens, der Fähigkeiten und Fertigkeiten einer Person, welche die Qualität eigenen Sozialverhaltens – im Sinne der Definition sozial kompetenten Verhaltens – fördert."

(vgl. Kanning, 2005)

In anderen Worten: Für ein sozialkompetentes Verhalten benötigt man, neben dem Fachwissen und den Fähigkeiten, Fertigkeiten für Sozialkompetenz, auch immer eine Performanz, in der man dies demonstriert. In der Ausführung zeigt sich der Aspekt des Verhaltens.

3. Entstehung und Entwicklung sozialkompetenten Verhaltens

Sozialkompetentes Verhalten wird zuerst in der Familie geübt. Im Kreise von Leuten, denen man vertraut, kann man sein Verhalten an anderen Individuen ohne Angst vor größeren negativen Sanktionen ausprobieren und reflektieren. Jedoch besteht die Möglichkeit dass jemand, der viele Kompetenzen besitzt noch immer in Situationen kommt, die man nicht oder nicht sofort bewältigen kann. Daher redet man von sozialen Kompetenzen im Sinne eines Potenzials. (Kanning & Holling, 2003)

Es gibt drei Modelle, die versuchen die Entstehung von sozialkompetenten Verhalten zu beschreiben.

a. Kommunikationsmodell

Äußerlich sichtbares wechselseitiges Aufeinanderwirken zwischen Individuen zum Zwecke der Abstimmung des Denkens und Verhaltens der Beteiligten.

b. Kognitionsmodell

Untersucht die Speicherung von Informationen und den Entscheidungsprozessen, welche dann zu einem bestimmten Sozialverhalten führen.

c. Handlungsmodelle

Kanning (2005) stellt beispielhaft das Modell der elaborierten Steuerung des Sozialverhaltens aus der Handlungstheorie vor. Dieses Modell, das sich auf die Genese sozialen Verhaltens bezieht, soll im Folgenden näher beschrieben werden.

4. Elaborierte Steuerung des Sozialverhaltens:

Die Elaborierte Steuerung des Sozialverhaltens setzt sich aus vier Phasen zusammen, die im Folgenden kurz beschrieben werden sollen:

a. Phase 1: Analyse der Situation

Die Ziele und Ansprüche, die von der sozialen Umwelt an eine Person gestellt werden, betrachtet eine Person, die sich in einer spezifischen Situation befindet, in einer Situationsanalyse.

b. Phase 2: Entscheidungsphase

Daran anschließend werden die verschiedenen Optionen, wie man sich verhalten kann, auf ihren Nutzen und ihre Erreichbarkeit überprüft. Hierbei spielen eine Vielzahl von Faktoren eine wichtige Rolle: z.B. die Erfahrung, Einstellungen, das Selbstkonzept der Person und die Einschätzung der Wichtigkeit der Situation.

c. Phase 3: Umsetzungsphase

Anschließend hat sich diese Person für ein bestimmtes Verhalten entschieden und führt dieses aus. Um dieses geplante Verhalten auch in die Tat umzusetzen, bedarf es dem Handelnden an den geeigneten Skills (Fähigkeiten).

d. Phase 4: Evaluationsphase

Die Person bewertet ob die Handlung das gewünschte Ziel erreicht hat.

Diese letzte Phase ist die Grundlage der Reflexion und Korrektur des Verhaltens.

5. Ansatzpunkte zur Verbesserung und Training von sozialkompetenten Verhalten

In der Wirtschaft wird der Begriff der angewendeten sozialen Kompetenz oftmals mit folgenden Begriffen synonym verwendet: Teamfähigkeit, Projektmanagement, Sensitivität, Überzeugungsfähigkeit und Durchsetzungsfähigkeit. Um die eigene Sozialkompetenz zu verbessern kann man verschiedene Ansatzpunkte wählen.

a. Wissen

Erlernte Werte, Rollen und Verhaltensnormen können durch Training, wie z.b. gemeinsame Erarbeitung in Workshops, vermittelt und eingeübt werden.

b. Wahrnehmung und Reflexion

Die Wahrnehmung und Reflexion des Verhaltens anderer Menschen kann durch Perspektivenübernahme (sich in andere hinein versetzen können) und z.b. durch Konfliktmanagement- bzw. Verhandlungstraining und Teamentwicklungstraining eingeübt werden. Gleichzeitig wird so auch die Wahrnehmung und Reflexion des eigenen Verhaltens trainiert.

c. Verhalten

Verhaltensstrategien, Selbststeuerung und Kommunikation sind ein wichtiger Bestandteil der sozialen Kompetenz, deshalb hilft das Einüben von Rhetorik, das Interviewertraining und Verkaufstraining beim Erlernen erwünschter Verhaltensmuster.

d. Ein Beispiel:

Für einen Verkäufer ist sozialkompetentes Verhalten in einer Verkaufssituation der Abschluss eines Verkaufsvertrages, wobei der Kunde mit der getätigten Kaufhandlung zufrieden ist.

Durch Rollenspiele kann der Verkäufer sich in eine Käufersituation begeben und so durch Übernahme einer neuen Perspektive ein besseres Verständnis für seine Kunden trainieren und somit sein Verhalten individuell auf verschiedene Kunden anpassen.

6. Training von Schlüsselqualifikationen

Im Vorangegangenen Kapitel wurde erläutert, welche Art von Trainingsmöglichkeiten gebraucht wird um übergeordnete Kompetenzen zu trainieren. Im Folgenden werde ich spezifisch auf die möglichen Inhalte eines solchen Trainings eingehen, dabei nehme ich Bezug auf eine mögliche Vorbereitende Rolle der Universität:

a. Rhetoriktraining

Im Rhetoriktraining geht es primär darum vor einer Gruppe etwas präsentieren zu können. Dabei spielt nicht nur die Sprache (Sprachniveau, Sprechgeschwindigkeit, Pausen), sondern auch die nonverbalen Elemente eine entscheidende Rolle, wie z.b. Mimik und Gestik. Ein sicherer Umgang mit den Präsentationsmitteln, wie Power Point, Flipcharts, u.Ä. sind dabei auch von einer entscheidenden Bedeutung. Rhetorik trainiert man am besten durch Anwendung, um anschließend von den Zuhörern ein Feedback und Anregungen zu Verbesserung zu erhalten. In der Universität wird die Rhetorik in Form von Referaten trainiert. Wie oft man ein Referat halten muss, ist jedoch vom Studiengang abhängig und von der persönlichen Präferenz des Studierenden. Anzumerken ist, dass Studierende, die nicht gut referieren können, es oftmals vermeiden ein Referat zu halten, während Studenten, die sicher referieren können, dies auch vermehrt üben.

b. Interviewtraining

Während eines Interviews geht es primär darum, spezifische Informationen von seinem Gegenüber zu erlangen. Dabei spielt das aktive Zuhören und das zielgerichtete Nachfragen eine wichtige Rolle. Jedes Kundengespräch hat teilweise den Charakter eines Interviews. Während des Studiums wird das aktive Zuhören über einen längeren Zeitraum bei jeder Vorlesung trainiert.

c. Konfliktmanagement- und Verhandlungstraining

Ziel des Konfliktmanagements ist es eine Win-Win Situation zu schaffen. Also eine Situation, aus der jede Partei als Sieger hervorgehen kann. Auch hier steht die Kommunikationsfähigkeit wieder an erster Stelle, wobei auch ein grundlegendes Wissen über die Natur von Konflikten nützlich sein kann.

An Universitäten wird Konfliktmanagement durch Gruppenarbeiten eingeübt, in denen die Gruppe z.B. für eine Präsentation einen gemeinsamen Konsens finden muss.

7. Schlüsselqualifikationen an Universitäten und in der Wirtschaft im Vergleich

„Eine fortschrittliche, oder besser eine verantwortliche Hochschulausbildung sieht ihre Aufgabe neben der Lehre von Fach- und Faktenwissen auch in der Vermittlung sozialer und methodischer Kompetenzen." (J. Dahm, 2006; S.31)

Bereits während des Studiums sollte jeder Student sich darum bemühen, seine Schlüsselqualifikationen zu trainieren und zu erweitern. Jedoch stellt sich für jeden Studenten die Frage welche der Schlüsselqualifikationen als berufsrelevant einzustufen sind.

In der Studie von SQ21 wurde in einem Zeitraum Mitte Oktober 2004 bis Ende Januar 2005 eine bundesweite Befragung von Studierenden, Hochschulen und Unternehmen durchgeführt. Für die Personalverantwortlichen der Wirtschaft sind nach dieser Studie die Qualifikationen der Kommunikationskompetenz, Engagiertheit und analytisches Denken am wichtigsten. Auf der Seite der Studierenden und der Hochschulen wird aber Kommunikation und Ausdrucksvermögen als eher schwächer eingestuft. Jedoch sind sich die Studierenden der Notwendigkeit von Eigenengagements bewusst, welches von den Hochschulen nur unzureichend gefördert wird. Besonders auffällig ist dessen ungeachtet, dass Teamfähigkeit noch immer nicht zu den wesentlichen Bildungszielen der Hochschulen gehört, wobei die Wirtschaft diesen Aspekt zu einem der wichtigsten Schlüsselqualifikationen zählt. (vgl. J. Dahm, 2006)

Hochschulen	Unternehmen	Studenten
Analytisches Denken 81%	Kommunikation 79%	Belastbarkeit 68%
Belastbarkeit 71%	Engagement 78%	Engagement 65%
Kommunikation 62%	Analytisches Denken 77%	Teamfähigkeit 60%
Teamfähigkeit 58%	Belastbarkeit 75%	Kommunikation 58%
Sprachkompetenz 52%	Teamfähigkeit 74%	Konfliktfähigkeit 57%
Zielorientierung 50%	Zielorientierung 70%	Verlässlichkeit 55%
Engagement 49%	Konfliktfähigkeit 54%	Analytisches Denken 53%
Kreativität 48%	Begeisterungsfähigk. 52%	Zielorientierung 49%
Konfliktfähigkeit 45%	Kreativität 43%	Argumentationsstärke 47%
Internationale Erf. 45%	Verlässlichkeit 42%	Begeisterungsfähigk. 44%

Tabelle: SQ21 Ergebnisbericht S.05

8. Fazit

Die Daten der Studie SQ21 zeigen eindeutig eine Diskrepanz zwischen dem was die Wirtschaft sich von Berufseinsteigern wünscht, und was die Universitäten, aber auch die Studierenden leisten. Besonders erste Berufserfahrung in Form von Praktika und eine reibungslose, noch vor der Regelstudienzeit absolvierte Hochschulausbildung sind für einen glatten Berufseinstieg von besonderer Bedeutung. Da die Diskrepanz zwischen den an der Universität vermittelten und von der Wirtschaft geforderten Schlüsselkompetenzen sehr hoch ist, setzt sich in der Wirtschaft immer mehr die Erkenntnis durch, dass ein Student, der sich finanziell selbst organisiert, das heißt während des Studiums bereits Arbeiten geht, viele Schlüsselqualifikationen erwirbt, die ihm von der Universität nicht vermittelt werden können. So erfordert die Doppelbelastung von Beruf und Studium mehr Disziplin und Entschlossenheit als fremdfinanzierte Studenten aufbringen müssen. Damit trainiert der selbst finanzierte, berufstätige Student dauerhafter seine Belastbarkeit und sein Durchsetzungsvermögen durch den beruflichen Alltag. Dabei muss der berufstätige Student zusätzlich ein hohes Maß an Flexibilität an den Tag legen um die Gratwanderung zwischen Studium und Berufsleben zu meistern und beide Seiten, Beruf und Studium, zufrieden zu stellen. Dies sind alles Fähigkeiten, die der bekannteste Manager-Trainer Deutschlands, Guntmar Wolffs zu den zehn Merkmalen einer erfolgreichen Persönlichkeit zählt.

(Vgl. J. Dahm, 2006)

9. Literaturverzeichnis

Dahm J. (2006). Schlüsselkompetenzen der Zukunft. Was im Berufsleben zählt. München: Volk Verlag

Kanning (2005). Soziale Kompetenzen. Göttingen: Hogrefe

Schuler, H./Barthelme. (1995): "Stolperstein" Sozialkompetenz. Was macht es so schwierig, sie zu erfassen, zu fördern und zu beurteilen? Berichte zur beruflichen Bildung, hrsg. vom Bundesinstitut für Berufsbildung, Bd. 179, Berlin,

Internet:
http://www.sq21.de (stand: 1.04.2007)